Moritat

Peter Möller

Copyright © Peter Möller, 2019
ISBN: 978-09951165-2-8

Im Jahre Achtzehnhundertneunundachzig
   ist's geschehn,
Im Jagdschloss Mayerling, im Walde tief
   versteckt,
Was ihr auf diesen Bildern jetzt könnt
   sehen,
Ein Unglück, das die ganze Welt erschreckt.

Es hatte Kronprinz Rudolf einst im
   Burgtheater
Mit Stephanie, der Kronprinzessin, einen
   Streit.
Er wandte sich nach Rom zum heil'gen Vater,
Zu werden aus der Eh' befreit.

Jedoch der Papst wollt' nichts von Rudolfs
   Scheidung wissen,
Um Österreichs Kaiserthron in Zukunft
   ging es ja.
Das hat des Kronprinz' Herze schier zerrissen,
Weil liebte er Baronesz Vetsera.

Sie war ein schönes Mädchen von kaum
   siebzehn Jahren,
Maria hieß sie und hat Rudolf auch geliebt:
Als sie die schlimme Kunde hat erfahren,
Wuszt' sie, dasz keine Hoffnung es mehr gibt.

Sie trafen sich in Mayerling, in Rudolfs Zimmer,
Für beide war's die letzte traurig-schöne Nacht.
Dann hat er sie zuerst bei Kerzenschimmer
Und dann sich mit der Pistol umgebracht.

Da nun der Kaiser hat die schlimme Tat erfahren,
ging Weinender, wie er sonst nie geweint, zur Kaiserin,
Und als man dann den Kronprinz wollt aufbahren,
Da sank Franz Josef vor dem Sarge hin.

Der sollte einst den Thron der Monarchie besteigen,
Und weitertragen sollt er Habsburgs Kron' und Macht,
Tot tat man in der Hofburgkirch' ihn zeigen.
Die er geliebt, begrub man still bei Nacht.

„Wie eine Rose sproszte sie und war so jung
   gebrochen!"

Auf ihren Grabstein stehen diese Worte da,
Du weißt nicht, welches Urteil Gott gesprochen,
Brich drum auch du den Stab nicht über.

                Mary Vetsera

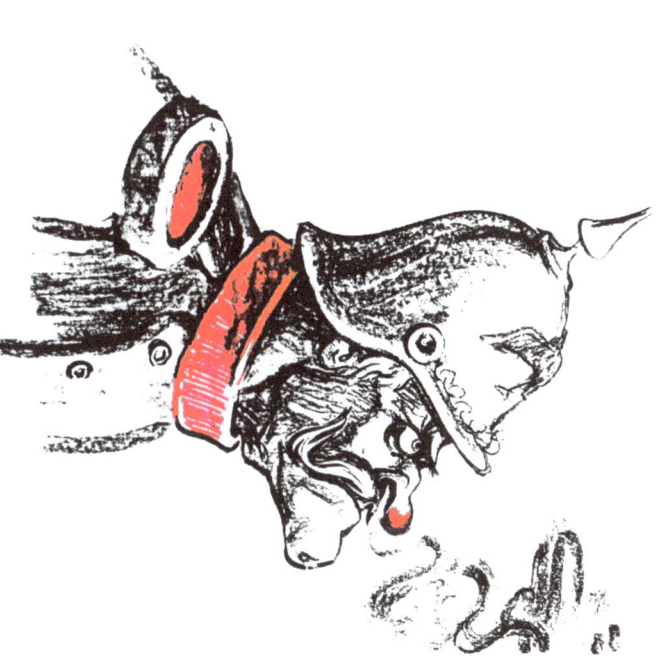

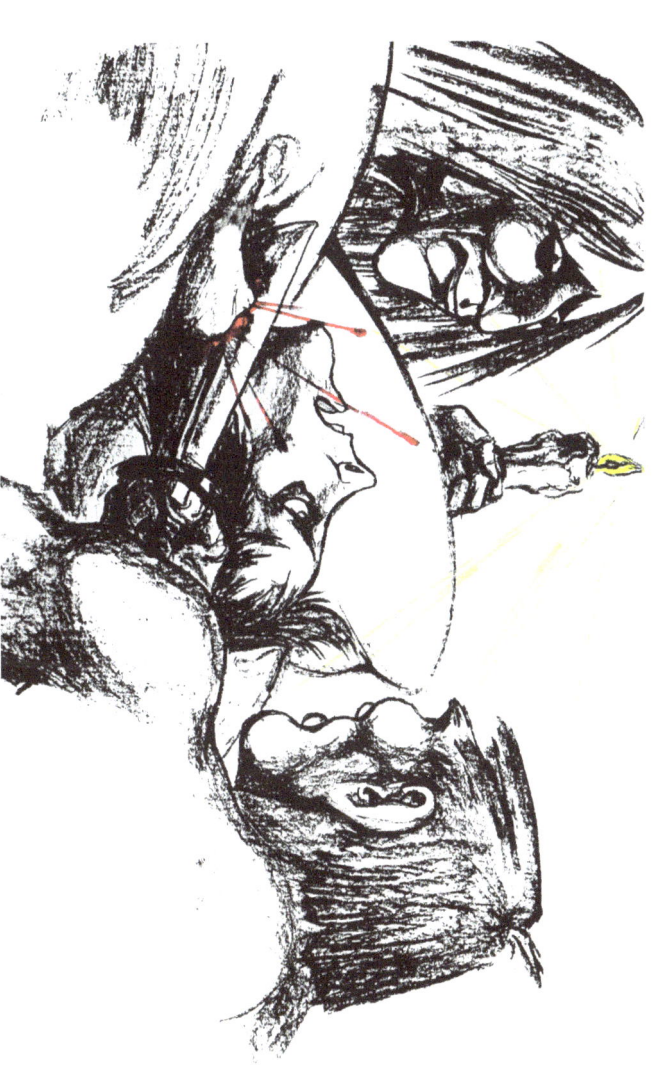

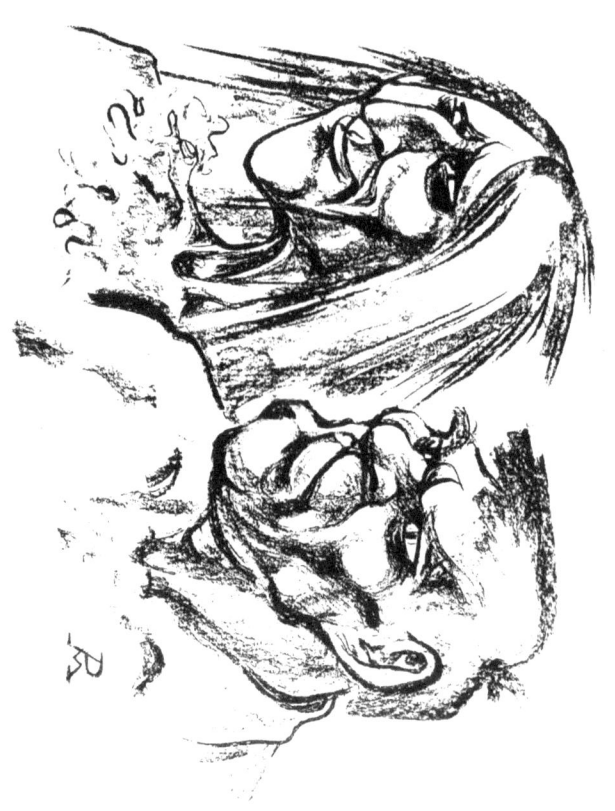

Peter's Buch

Peter Möller

www.ingramcontent.com/pod-product-compliance
Lightning Source LLC
Chambersburg PA
CBHW040748020526
44118CB00041B/2814